चार कविताऐं
FOUR POEMS

स्नेह

Made with ♥ on the Notion Press Platform
www.notionpress.com

"समर्पित है उन सभी प्रियजनों को, जिन्होंने कभी भी मेरे कुछ लिखे को पढ़ा, सराहा अथवा आलोचना की, लेकिन कुछ न कुछ लिखने की प्रेरणा को बनाए रखने में सहायता की।"

क्रम-सूची

क्रम-सूची

क्रम-सूची

क्रम-सूची

आमुख

मन में गाँठे कुछ ऐसी पैदा हो गईं हैं कि खुल नहीं पातीं| कोई अपना समझ कर इन्हें खोलने में मदद करने आया नहीं, और मैंने जब जब इन्हें सुलझाने की कोशिश की, ये गांठे और उलझ गईं| कविता लिखने का उद्देश्य कुछ नहीं है| अपनी कविताओं में मैं शायद अपने मन की उन्ही गाँठों को खोलने का प्रयास कर लेता हूँ, जिन्हे खोलना शायद मेरे बस की बात नहीं है| कविता के बारे में मेरी समझ भी कुछ खास नहीं है| मेरे लिखे को सुधि जन कितना कविता जैसा कुछ या कविता मानेंगे इसका अनुमान मैं नहीं लगा सकता और उन पर ही छोड़ता हूँ|

प्रस्तुत संग्रह में मैंने अलग अलग मूड की लगभग पचास कवितायें एकत्रित की हैं| ये सभी कवितायें लगभग बीस वर्ष या उससे थोड़ा अधिक समय-काल में अलग अलग स्थानों पर रहते हुए, अलग अलग परिस्थितिओं से दो चार होते हुए लिखी गईं हैं| मेरे विचार में एक कविता के कई आयाम होते हैं| एक तो वह होता ही है जो लिखते समय लिखने वाले के दिल अथवा दिमाग में रहता है| एक वह भी होता है जो कभी बाद में अपने ही लिखे को दोबारा पढ़ने में लगने लगता है| हर पढ़ने वाला अपना एक आयाम अपने साथ अलग बनाता ही है अगर कविता उसे किसी भी प्रकार से आनंदित, आंदोलित अथवा उद्द्वेलित करती है| आप मेरी कविताओं से कौन सा आयाम तलाश पाते हैं यह जानने का इंतज़ार रहेगा| सोशल मीडिया की आपाधापी में जल्दी जल्दी लिखने और शब्दों और विचारों को इतने में सीमित करने कि वो एक पोस्ट में आ सकें ने मेरे लिखने पर भी वही प्रभाव डाला जिसका जिक्र अक्सर सभी लिखने वाले आजकल कर भी रहे हैं|

इस संग्रह को प्रकाशित करने में मेरी पत्नी अंजना तथा बेटे सौमिल का बहुत साथ मिला है| जितने धैर्य और सहजता से उन्होंने इस प्रयास में हाथ बँटाया है, उसके लिए पता नहीं कभी कोई कविता बन पाएगी कि नहीं, लेकिन कुछ पंक्तिओं का कर्ज़ तो रहेगा मुझ पर|

-स्नेह

• x •

1. चार कविताऐं

रोज़ सोचता हूं कि,
ख़त्म करूं इस इश्क़ को
मर जाऊं और दफ़न करूं
इस राग को, जो बजता है
लेकिन, क्या करूं ये बतलाए कोई
चार कविताएं, जो कब शुरू की थी
लिखनी तुम पर
तुम्हें जीता गया
तुम पर ही ख़त्म भी ही रहा हूं
लेकिन, वो चार कविताएं
अभी अधूरी हैं...
पहले उन चार कविताओं को
पूरा करना है
फिर सोचेंगे कि मरना है
या कुछ और लिखना है, करना है।

2. मान जाओ

मुझे बहुत डर लगता है
तुम यूँ ही रूठ जाया न करो
कितना तड़पाता है ये मुझको
ऐसे दूर जाया न करो।
ऐसे ही मैं कुछ कह देता हूँ
दिल पर तुम लगाया न करो
स्नेह तो मैं भी करता हूँ
फिर भी,
......चलो अब छोड़ो
.... बस अब मान जाओ।

3. असफलता

असफलता हाथ धो कुछ यूँ पीछे पड़ी है,
तक़दीर जैसे किसी अनजाने कुएं में पड़ी है..
आशंकित, भयभीत मैं अपने कल से
दुविधा के हैं ये सब पल से
भाग्य या पुरुषार्थ, किसका हाथ बड़ा है
जो जीता वो जीता, जो हारा वो हारा पड़ा है।

4. संवेदनाएं

बधिर और लाचार पड़ी हैं संवेदनाएं
निष्प्राण हो गई हैं संवेदनाएं
मनुज हृदय भुला अब इन शब्दों को
बेबस होकर सिसक रही हैं संवेदनाएं
पक्षी चुन-चुन लाते दाने
दूर देश से
और खिलाते फिर अपने बच्चों को
संवेदनाओं की ही बात है ।
राह पड़ी दिखती हैं आज संवेदनाएं
मार रहे हैं हम ठोकर,
एक ठोकर, दूसरी ठोकर
ठोकर पे ठोकर
बस एक ठोकर और ही तो है ।
पंगु हो गया है समाज
मौन होकर सब बढ़ जाते हैं आगे
बस ठोकर खाने वाला ही यहाँ
बाट जोहता रह जाता है
कोई आकर उसे उठाएगा
इसी इंतज़ार में सड़क पर मर जाता है
कल क्या देंगे हम आज के कल को
कवि तो बस यही सोचता रह जाता है ।
लाशें बोला नहीं करती

पीछे सन्नाटे छोड़ जाया करती हैं
और इसी सन्नाटे में डूबे हम
सड़क पर भीड़ एकत्र कर लेते हैं
लाश को देखकर भी पूछते हैं,
"क्या हुआ?"
और फिर घर को निकल लेते हैं |
संवेदनाएं......
बधिर और लाचार पड़ी हैं संवेदनाएं
निष्प्राण हो गईं हैं संवेदनाएं
न मौत का डर बचा है अब
न ईश्वर पर विश्वास
न स्वयं से लाज बची है
और अब न ही कुछ ग्लानि शेष है |

5. भूकंप

तेरे चले जाने का एहसास है कुछ ऐसा
जैसे भूकंप के झटके मुझे आज भी लग रहे हैं।

6. कर लो बात अगर है

हम भी यूं ही बस रह जाएंगें
कुछ बुत बने, कुछ बुत से खामोश।
वक़्त है, कर लो बात अगर है।

7. दलीलें

लगता है इस बार लम्बी ठनेगी,
न खुदा मुझे समझने को तैयार है,
न मैं उसकी दलीलें सुनने को।

8. समझ का पुल

पुल के इस पार वो थे।
और इस पार दूसरे वाले वो।
पुल से होकर कोई गुजरा ही नहीं
और बस बात "आर या पार" की हो गई।

९. खुशबू

औरत का इश्क़
बर्फ़ की डली सा होता है
जरा सी आंच लगे, पिघलने लगता है ।
आदमी का इश्क़
कपूर सरीखा होता है ।
उड़ जाता है, जब नहीं रह जाता
सांसे छोड़ जाता है, जिसमें खुशबू आती है बस।

10. पत्ते

मैं अपनी खिड़की से एक पेड़ के एक एक करके गिरते हुए
पत्तों को देख रहा हूँ
पत्तों का यही अंजाम होता है,
हर साल निकलना, और फिर तय एक सीजन में गिर
जाना
पत्ते कमजोर होते हैं,
इसलिए गिर जाते हैं?
या कठोर मौसम को सहन नहीं होते,
इसलिए गिरा दिए जाते हैं?
पेड़ अपना ठूंठ दिखाकर रो सकता है कि देखो उसके पत्ते
गिर गए
पर पेड़ का क्या है, उस पर नए पत्ते फिर आ जायेंगे
वह तो मौसम चक्र की दुहाई देकर बच जायेगा
पेड़ की उम्र पत्तों से ज्यादा होती है न |
और पत्ते; पत्ते कभी पेड़ बन थोड़े ही सकते हैं |
वो पत्ते होते हैं, पत्ते पत्ते ही हो सकते हैं |
हर साल निकलना और हर साल गिर जाना ही उनका
'डूम' होता है |

11. हम सब

ग़म कहने को कुछ नहीं लेकिन ग़म बहुत सारे हैं

जो लगते नहीं अपने से अब, उन्हें कहते हैं हमारे हैं

सुनने को रहा ही नहीं जब कोई

तो कहने से क्या फ़ायदा

कहने में फिर क्या तेरा क़ायदा, कहने का क्या मेरा

क़ायदा

इन कायदों को ये जो मोटी दीवार चढ़ाई

संबंधों की जो आँच बुझाई

अब तो बस तुम ही तुम हो और मैं ही मैं हूँ

क्या खाक तुम ही तुम हो और क्या खाक मैं ही मैं हूँ?

इस खाक में सब जिए जा रहे हैं

पता नहीं कितना जिए जा रहे हैं

पता नहीं कितना मरे जा रहे हैं

यह भी नहीं पता कि सचमुच जी रहे हैं या सचमुच मर

रहे हैं

पर कुछ तो है जो कर रहे हैं

या कुछ तो है जो नहीं कर रहे हैं

जो कर रहे हैं या नहीं कर रहे हैं या कर सकेंगें

पता नहीं चैन से जी सकेंगें या चैन से मर सकेंगें

ये तुम्हारी जीत है या मेरी हार

या मेरी जीत है या तुम्हारी हार

या हम सब की जीत है या हम सबकी हार

जो भी है इसका जिम्मेदार तुम हो या फिर मैं हूँ
अब तो बस तुम ही तुम हो और मैं ही मैं हूँ
क्या खाक तुम ही तुम हो और क्या खाक मैं ही मैं हूँ?

12. चंद्रग्रहण

आज एक धर्म के जानने वाले ने हमसे बोला
कि आज चंद्रग्रहण लगने वाला है।
"तुम क्या करोगे?"
चन्द्र यानी चांद मुझे खुद बता गया था
उसके साथ होने वाला क्या है।
कभी इन महाशय ने भी अपनी जिंदगी में किसी को
चन्द्र या चांद कहा होगा, ये मिसाल दी होगी।
पूछा नही होगा कि तुम्हें कब कब और कैसे ग्रहण लग
जाते हैं?
ये धर्म की आधी अधूरी जानने वाले बस उतनी ही बात
कर पाते हैं
जितनी इन्होंने किसी से सुनी होती है
या माकूल तौर पर खुद अपने परिवार में भुगती होती है।
ये वही ढोल पीटते रहते हैं
और खुद अपनी समझ को लगा ग्रहण दुनिया को बताते
रहते हैं।

13. फुर्सत

कभी मिल जाएं हमें कुछ फुर्सत के वो पल
जो हम जर्मी से जार जार हो सकें फिर से एक बार।
या मिल लें किसी फुरसतिया अजनबी से ऐसे
और कर ले आधे अपने सपने कुछ एक फिर बार।।

14. अल्लाह और भगवान

हिन्दू के घर पैदा होते बस हिन्दू,
मुस्लिम के घर बस मुसलमान।
इंसान पैदा होंगे किस धरती पे,
सोचें अल्लाह और भगवान।

15. चाय

जिंदगी को न मैंने देखा, न उसने देखा
जिंदगी बस हम जी गए।
चाय के प्याले में नीचे जमी थी सारी चीनी
और हम बस चाय समझ कर पी गए।

16. फॉल

कौन कहता है जवानी वापिस आती नहीं
फॉल में झड़ते इन पेड़ों को देखकर लगता तो नहीं
पत्तों और फूलों का लिबास उतार कर
और सिर्फ अपने तन की खुश्बू को लेकर
जब ये सींचेंगे मोहहबत का जाम
बर्फ के आगोश में, उस दीवाने के साथ
जिसे कुछ बेवकूफ़ खुदा और कुछ भगवान कहते हैं,
साँसे साँसों से टकराती हों,
घुलमिल सी जाती हों
और ऐसी सर्द रातों में,
थाम के अपने उरोजों की चोटी ये वृक्ष..
मौसम फिर बदलेंगे, वसंत ऋतु फिर आएगी
और इन वृक्षों की झोली, फिर पत्तो और फूलों से भर
जाएगी
नित नूतन जवानी फिर से नए रूप में मंडलाएगी
कोई कुछ कहता है और कोई कुछ समझता है
सौंदर्य बदलता रहता है, पर प्यार बना रहता है
प्यारा बना रहता है तो यौवन चिर बना रहता है।

17. जंग

जंग तो मेरी छिड़ी है,
कभी अपनों से तो कभी अपने आप से।
मैं तो बस बचाता हूँ ख़ुद को,
बेवक़ूफ़ियों के महापाप से।

18. कमतर

लगा दो आग गीता और रामायण में और फूंक दो कुरान।
न रहे कोई हिन्दू न ही मुस्लमान, बस सिर्फ इंसान।।
जब तक रहेंगे ये धर्म और जात, इंसान इंसान न बन
पाएगा।
हिन्दू मुस्लमान को और मुस्लमान हिन्दू को कमतर ही
समझता रह जाएगा।

19. मैं फिर जन्म लूंगा

मैं फिर जन्म लूंगा
क्या हुआ जो आज
जमाने ने मुझे हरा दिया
क्या हुआ अगर आज
मेरे अपने मुझे धोखा दे गए
मैं फिर जन्म लूंगा...
अपने सपनों को पूरा करने
ब्रह्मा ने तो सृष्टि बनाई है
उसमें से मुझे अपनी मंज़िल पानी है
अभी ढेर-सा काम बाकी है
अभी तो बहुत से किले जीतने है
मुझे इस सृष्टि का ढांचा बदलना है
मुझे इस जमाने को बदलना है
मैं फिर जन्म लूंगा...

20. बस एक जिद्द

अभी न जाने कितने और
बनेंगे मन्दिर मस्जिद
कितने उसको आस कहेंगें
कितनों की बस एक जिद्द।

21. कंजूस

बरस रहा है आज कुछ यूँ धीरे-२
जैसे अरमान जमा किए जो २ महीनों में
और अब उन्हें कंजूसी से खर्च रहा हूँ।

22. इश्क और सावन

इश्क और सावन,
दोनों मेरे सूख रहे हैं।
अरसा हुआ बारिश से,
समय लिये हुए।

23. अब क्या?

आज धूप नहीं निकली
सूरज भी कुछ उदास सा होगा
मिला था कल शाम,
ट्रेन की खिड़की से मेरी तरफ देख कर पूछा था
"अब क्या"?

24. आँख का पानी मर गया है

आँखें खुश्क हैं मेरी लम्बे समय से
नम न हुईं, जैसे ग़म हो कोई
वीरान, एक सूखा दरिया हो जैसे
न मिले बहने को तो सूख जाता है
जम जाता है कि बस रहने को
सुन ले कोई तो कुछ कहने को
समझ नहीं आता कि बात है यह कुछ गम्भीर
या सचमुच "आँख का पानी अब मर गया है"।

25. मुझमें कई मैं

मुझमें कई मैं बसा करते हैं।
एक मैं वह हूँ जो मैं आज हूँ।
एक मैं वह भी हूँ जो कल था, या परसों कभी था।
एक मैं वह भी हूँ जो शायद कल हो न पाऊँगा।
और एक मैं वह भी हूँ जो शायद कल अनचाहे हो जाऊँगा।
मुझमें ये कौन कितने मैं बसा करते हैं।
मुझसे मेरे होने का सबब पूछा करते हैं।
कहते हैं कि अच्छा चलो, हम तो कल वो हो जाएंगे।
और मैं पूछा करता हूँ, कि क्या हम कल मिलने फिर
आएंगे?

26. जीवन

जीवन सरल होना चाहिए,
जीवन तरल होना चाहिए,
मन में न हो कोई ताप,
न संताप, न पश्चाताप
जीवन थोड़ा विरल रहना चाहिए।

27. कर दे डिक्लेअर

मंदिरों-मस्जिदों में बसने वाले ऐ
भगवान्-ऐ-खुदा -
अब या तो तू निकल कर बाहर आ,
मुझसे मेरी तरह गले मिल, हाथ मिला
या कर दे डिक्लेअर तू खुद ही
कि है तू अगर तो, है मुझमें ही कहीं,
और नहीं, तो फिर कहीं भी नहीं ।

28. डर लगता है

डर लगता है अब मुझे
मुस्कराने से
लोग सवाल बहुत करते हैं
डर लगता है अब मुझे
चहकने से
चहका तो पक्षी करते हैं
डर लगता है अब मुझे
खिलखिलाकर हँसने से
मेरी हँसी अब मुझे भी चुभती है
डर लगता है आईने से
पहचान न ले कहीं
डर लगने लगा है
हवाओं से
कभी - कभी अपनी सी लगा करती हैं
डर लगता है
परायों से
वे मीठी बातें करते हैं
मुझे बहुत डर लगता है
खुशियों से
समेटने से पहले ही
वे बिखर जाती हैं
मुझे डर लगता है

अपने अंतर्मन से
जो मुझसे सवाल करता है
मुझ पर उँगलियाँ उठाता है
मुझे झकझोरता रहता है
मुझे नींद से उठने को कहकर
खुद कहीं और सोता रहता है |

29. डीजे

ओ God,
तू किसी दिन डीजे बन के आना।
बहुत हसरत है,
मैं लिखूँ गीत और तू उन्हें बजाना।

30. रद्दी

दिल गोदाम हुआ, अफसानों का, किस्से कहानियों का
अब तो नहीं बिकते रद्दी में भी मेरे अहसास।

31. आज चुनाव, कल चुनाव

आज चुनाव, कल चुनाव

यहाँ चुनाव, वहां चुनाव

चुनावों की रेलमपेल है

मुद्दों की ठेलम ठेल है

चुनावों का सजा बाजार है

मीडिया का तो यही व्यापार है

नेताओं की जय जय कार है

चुनाव आता जाता रविवार है

जहाँ आज नहीं है, वहां शायद कल एक चुनाव होगा

जहाँ हुआ अभी था, वहां कल फिर एक चुनाव होगा

जीत जाओ तो जीत है

हार जाओ तो भी तो जीत है

चुनाव की यही तो रीत है

जीत गए तो बनोगे मंत्री

हारोगे तो भी बनोगे मंत्री

जनता भी कितनी भोली भाली है

चुनाव के लिए तो हर दम खाली है

जब चाहे चुनाव करा लो

मजा आए तो दो बार करा लो

न मजा आए तो तीन बार करा लो

जितनी चाहे उतनी बार करा लो
चुनाव के लिए भी चुनाव करा लो
चुनाव कब हों, इसके लिए भी चुनाव करा लो
चुनाव कौन लड़ेगा, कौन जीतेगा, कौन हारेगा
सब के लिए चुनाव करा लो
जनता एक दम खाली है
कितनी भोली भाली है |

32. च्विंगम

जिंदगी को च्विंगम कहकर,
पकड़ा तो मुझे दिया था तूने ओ खुदा
पूछा कभी आकर?
...कि रस बचा या नहीं चबाने को

33. कीमत

जाने सजा है, या उसकी रजा है
जो मैं पा रहा हूँ।
या उनकी हसरतों की,
कीमत चुका रहा हूँ।

34. दो बनिए

झरे जो आँख से उनकी आँसू
वो मोती बन गए।
सूख गए बिन बहे जो हमारे दिल के अरमाँ
नमक का सागर हो गए।
चलो ये भी अच्छा था,
इश्क़ में नाकाम तो न हुए दो बनिए
शहर में सुना है मोतियों की बड़ी दुकान है उनकी
.. और हम आज भी नमक की थैलियां बेच रहे हैं।।

35. मौत

मौत मुक्कमल नहीं,
एक हसीन ख्वाब है।
अब गर आए हमें नींद,
तो हम भी दो चार कर लेते।

36. एक इंसान

एक इंसान
जो चाहे पैदा भले हुआ मुसलमान
लेकिन शिक्षा पाई,
और बन गया एक इंसान।
सीखा हिन्दू धर्म भी,
जान लिया सब, अच्छाईयां सारी
पर ना पाला ऐसा कोई अभिमान
और बन गया एक इंसान।
पैदा आप क्या होते हो
आपकी चॉइस नहीं होती है।
बनते आप क्या हो, आपकी चॉइस हो सकती है।
क्या बनना है आपको भी
बस, एक इंसान?

37. जीता या हारा

अर्श से फर्श पर लाकर पटक तो दिया तूने ओ खुदा।
अब डिक्लेयर भी कर ले कि तू जीता या हारा ।।

38. क्यों नहीं देखते

जब रास्ता तुम भटक जाते हो
क्यों नहीं देखते
इन तारों की तरफ
ये तो विद्यमान हैं हर जगह
इन्हे तो पता हैं सारे मार्ग
जब आक्रोश उत्पन्न होता है
तुम्हारे हृदय में
वेदना कसकती है और
क्रोध किसी को जला डालना चाहता है
क्यों नहीं देखते
सूरज की तरफ
ये भी नाराज़ है बरसों से
पता नहीं किस पर गुस्सा निकालना चाहता है
रोज आता है और आग
बरसा के चला जाता है
क्रोध की तपिश जब
हृदय जलाने लगती है
और अधजले सपने, धुंआ देने लगते हैं
तब तुम
क्यों नहीं देखते
इस चाँद की तरफ
ये शांत बैठा न जाने

क्या सपना बुनता रहता है
जब जिंदगी रंगहीन लगने लगती है
व्यर्थ लगने लगते हैं
जिंदगी के मायने
क्यों नहीं देखते
बादलों में इन्द्रधनुष की तरफ
इसके सात रंग सात सपने हैं
जो बुने हैं इसने अभी कुछ देर पहले
बारिश में भीगते हुए
कहीं छिपकर किसी टाट की आड़ में
भुट्टा खाते हुए
तुम्हें क्यों लगता है
तुम कुछ अनोखे हो
जैसे लाया मैं तुम्हें इस दुनिया में
वैसे ही बनाया है इन्हें भी
इन्हें भी दिए मैंने सपने
कुछ टूटे इनके भी अरमान
नादान हो जो तुम हिम्मत हारते हो
यह प्रकृति बहुत कुछ सिखा सकती है
सपनों का बनना और टूटना
एक सतत प्रक्रिया है
नद्य-नीर सा प्रवाह है इसमें
कहीं कोई रुकाव नहीं, कहीं कोई ठहराव नहीं......

39. बेईमानी

जब जंग खुद मुझसे मेरी ही तो,
तय करना मुश्किल है
कि हराऊँ खुद को, या जिताऊँ खुद को।
खेल क्योंकि मैं ही दोनो तरफ रहा हूँ,
सो बेईमानी भी तो खुद से ही करनी पड़ेगी न।

40. खुद से बात

इंसान को चाहिए कभी खुद से बात करना |
वरना हिन्दू तो सिर्फ हिन्दू की
और मुस्लिम सिर्फ मुस्लिम की ही सुन सकता है ||

41. अभागा

मैं तो अभागा था
मूक, स्थिर और लाचार
कुछ कह पाने में असमर्थ था
और समझ न पाया
तुम्हारी ये कुटिल चाल
मुझे समाप्त करने की
मैं मूक था, परन्तु कान्तिहीन नहीं
मेरे ही साये में तुम बड़े हुए
याद आता है तुमको?
जेठ की उमस भरी दोपहर में
जब तुम यहाँ खेला करते थे
मेरा स्पर्श तुमको जरूर याद होगा
मेरी घनी छाया भी तुमको याद होगी
मेरी ही भुजाओं पर
आषाढ़ में, और सावन में
तुम्हारी बहन ने झूले डाले हैं
उसका वो भीगा चेहरा
मुझे मरकर भी याद है
याद हैं वो सारे किस्से
जो तुम सिर्फ मुझसे कहते थे
आज जब बूढ़ा हो गया
जवानी साथ छोड़ गई

तना थोड़ा ऐंचा हो गया
और शायद, तुम्हे मेरी जरुरत नहीं रही
तब तुमने
मुझे कटवाने के लिए, इसे बुला लिया
तुम्हारा घर का क़र्ज़ बाकी है मुझपर
एहसानों के बोझ तले दबा हूँ
तुम्हारे दद्दा के;
दादी तुम्हारी, मेरी भी माँ थी
अब तो आँगन का कुआँ भी
मेरा साथ छोड़ गया है
याद रखूँगा मैं तुम्हे, मरकर भी
आखिर तुम मेरे अपने थे
मेरा क्या है, मैं तो पेड़ हूँ
त्याग ही मेरा तो धर्म है
बस अब सुनाऊँ तुम्हे कितना
आँखें तो तुम्हारी भी नम हैं
बस, इतना तुम याद रखना
फिर चाहे मुझे भुला देना
एक लाश को जलाने की खातिर
किसी और की लाश न गिरा देना |

42. नियाग्रा वाली बस

सूरज बोला मैं भी आता हूँ
तुम्हारे ही साथ नियाग्रा चलता हूँ।
मेरा भी क्या टिकिट लगाओगे?
बोलो कहाँ-कहाँ मुझे घुमाओगे ?
हम बोले आ जाओ भईये
हमारी गाड़ी के है चार पहिए।
साथ हमारे तुम भी चल लो
शाम के बाद फिर वापिस हो लो।
बस में तुम आ जाना,
सौमिल के पास बैठ जाना।
उससे बातें तुम कर लेना
उसको मेरी ये कविता तुम सुना देना।
सूरज सी रोशन ये जिंदगी है।
सूरज की इबादत खुदा की बंदगी है।

43. मुखौटे

लोग जो दिखतें हैं वो होते नहीं
कागज के मुखौटे हैं सब चेहरों पर।
मुखौटे फटते हैं और ...

44. मैं न होता तो तू न होता

आईने के सामने खड़े होकर
बोल पड़ा मैं एक दिन -
"मैं न होता तो तू न होता"
आइना बोला, "वही तो मैं कह रहा हूँ,
मैं न होता तो तू न होता"

45. क्या तू और क्या मैं

इश्क़ में क्या तू और क्या मैं
जो नहीं है तू तो फिर क्या हूँ मैं।
और जो नहीं मैं, तू फिर क्या है तू?

46. घमंड

है घमंड मुझे अपने हिन्दू या मुसलमां होने का
होता ये घमंड तब भी ग़र
न होता मैं हिन्दू या मुसलमां
तो होता मुझे फिर घमंड
अपने मुसलमां या हिन्दू होने का।
करता घमंड मैं खुद और कहता कौम से अपनी करने को
क्योंकि हिन्दू या मुसलमां मैं कुछ तो होता।
हिन्दू न होता, न होता मुसलमां मैं,
ऐसा होता तो भला कैसे होता और क्यों मैं होने देता?
है घमंड मुझे अपने हिन्दू या मुसलमां होने का
और होता ये घमंड तब भी ग़र
न होता मैं हिन्दू या मुसलमां
और होता मुझे फिर घमंड
अपने मुसलमां या हिन्दू होने का।

47. आम

तेरी याद की महक कुछ और बढ़ सी गई है
जब से लाकर घर में ये आम रखा है।

48. मौत है या है जिंदगी

चंद दिन ठहर जा 'स्नेह'

चंद रातों की बात अब और..

चंद दिनों का जीना मेरा

रातों का न मेरी ठौर।

आना है तुझे तो आकर बता

यों न तू किश्तों में आ

मौत है तू या है तू जिंदगी

जो है तू सामने आकर बतला।

सपने देखूं तो नींद नहीं आती है

नींद आ जाती है तो सपने नहीं आते हैं,

इसलिए आना है तुझे तो आकर बता

दूर रहकर न मुझे यूँ सता

कल का मेरा नहीं ठिकाना

आना है तो आना, नहीं आना तो फिर नहीं आना।

तू मौत है या है जिंदगी,

खुद ही गा लेना तेरा तराना।।

49. डिश

काट के परोसा जब मैंने दिल अपना
garnish किआ और मांगी फिर वो एक wish
खुश होके बोले बस इतना वो -
"लो कर लो बात, इसे कहतें हैं dish"

50. कोशिशें

जो समझ लेते तुम मुझे एक बार
ये न करनी पड़ती तुम्हें कोशिशें हज़ार
और जो समझ ही गए थे तुम मुझे पहली बार
तो क्यों कर रहे थे झूठी कोशिशें ये हर बार?

51. इन्वेस्टमेंट

मेरे वजूद के शेयर्स क्या चंद गिरे
प्यार ने अपनी इन्वेस्टमेंट ही ख़त्म कर दी।

52. टीस

हाले फेसबुकिया बयान किया जाए कैसे
जिंदगी और दिल से भी निकले लोग आज फेसबुक में
add किये बैठें हैं।
उनके share like करते हैं और शायद सोचते हैं की वो
comment करेंगे 'स्नेह'
पर कौन समझाए इस दिले-नादाँ को
कि ये फेसबुक यादों और रिश्तों का एक कब्रिस्तान है
जहाँ मेरा हर कल दफन है मेरे हर आज के नीचे।
layer-दर-layer बाबस्ता है इक हर साल की।
यादें semiconductor के clouds में store हो गयीं हैं
और टीस हाड़-माँस के बने इस दिल में होती है।

53. सिग्नेचर

उन्होंने की थी जिद्द
कि हम तुम्हें याद करेंगे नहीं कभी।
और हमने ये कह कर कर दिए सिग्नेचर
जाओ, हम तुम्हें याद अब आयेंगे नहीं कभी।

54. उस रात की बात

दिल्ली में गर्मी के दिन
कितने बड़े हुआ करते हैं
जब न हो किसी के
पास काम करने को
सब ऐसा ही सोचा करते हैं..
बोझिल कदम बढाए जब मैंने उस शाम
मिली थी वो मुझको
Handbag से उसने निकाला
tik tik tik
message has been sent!
मुझे भी दिखाया था यह अजूबा
हाथों में देकर मेरे यार ने
तब अपनी भी जिन्दगी का
मैंने बुना था एक ताना
ताने अब टूट गए हैं
सपने पिछवाड़े छूट गए हैं
पेट की क्षुधा है आग जलाती
कब तक वो भी मुझे खिलाती..
ये लड़की भी कुछ वैसी ही है
महत्वाकांक्षी है, मेहनत की राह चुनी है
छोटी, मोती-सी काली दो आँखें
eye shade use किया है

मेरा ख्याल सही है
और उसे अपनी बस का इंतज़ार है
महानगर के ये वीरान bus stop
bus बस रूकती है और चलती है
उफ्फ्फ! कितनी गर्मी है
छः बजे भी सूरज कितनी आग बरसाता है..
शायद दिन भर का थका वो भी
शाम को जल्दी-२ काम निबटाता है
अरे उसको भी तो घर जाना है..
निरे उसके भी अपने काम होंगे
फिर कल को भी तो वापिस आना है..
धीरे-२ घिरता अन्धकार
बस उजाले को मानो
खा ही जाना चाहता है..
किए पर अपने मैं अब पछताता हूँ..
दिन भर ऑफिस में कंप्यूटर पर मरता
रात को ढाबे का खाना खाता हूँ..
क्या गलत किया था मैंने
सोचता हूँ, तो भी घबराता हूँ
रात अन्धकार के बढ़ते ही जैसे
परछाई कस कर पकड़ लेती है
याद उस रात की बात आकर
मुझको सर्प सामान डस लेती है
काश वो मुझको मिल जाये एक बार
जिन्दगी बाद की मैं जी लूँगा
वो मुझको माफ़ करे या न करे
कम से कम

आत्मा पर पड़े इस भूत के बोझ से
मैं अपना दामन छुड़ा लूँगा...

55. प्यार

हमें न होता तुमसे प्यार तो कब के मर जाते
अफ़सोस यही है कि अब न जीतें हैं और न मरते ही हैं।

56. प्रिया

जैसे बारिश और हवा का साथ हो,
जैसे दिल में छुपी कुछ बात हो।
जैसे फिजाओं में महकी एक आस हो,
जैसे मिलती सांस से सांस हो॥
गगन पर छा रही है बदलियां,
सुर्ख हो रहा है आसमां का रंग नया।
शाम की लाली अब लगी है छाने यहां,
होने वाली है प्यारी रात अब यहां॥
जैसे रात से दिन का साथ हो,
जैसी दिन में हो न सकें, वैसी बात हों।
खुशियां और गम, दोनो को बांट ले,
ऐसी एक प्रिया का हाथ हो॥
आसमां पर चमकने लगे फिर बिजलियां,
तेज वेग से चलने लगे फिर आंधियां।
एक अनजाना सा डर जब उसे सताने लगे,
तेज मूसलाधार पानी फिर बरसने लगे॥
जैसे निशा, उजाले को जुल्फों में संभाल ले,
जैसे देख कर कुदरत भी दिल को थाम ले।
सीने में अपने, उसके चेहरे को मैं छुपा लूं,
ऐसा ही एक प्रिया काश मुझे भी मिले॥

57. कवि कभी मरा नहीं करता

कवि कभी मरा नहीं करता
सो जाते हैं अहसास
मातृप्राय हो जाते हैं वो तंतु
जो सोचा करते हैं
सूरज से आगे की
सागर से नीचे की
वो सोच, जिसने मेघदूत को जन्म दिया
वो कभी मरा नहीं करती
मर जाते है वो अरमान
जब ध्वस्त होते हैं सपनों के किले
कवि कभी मरा नहीं करता
वह ज़िंदा रखता है अपने आप को
वह जीता रहता है
वह संघर्ष करता रहता है
एक नयी दुनिया के अरमान संजोए
कवि कभी मरा नहीं करता।

58. सरकार

सरकार तो सरकार होती है।
सरकार की तो जय जयकार ही होती है।
जो घोटाले करवाले, वो सरकार होती है।
जो अपने घोटाले छुपा ले, वो भी सरकार होती है।
जो दंगे करवा ले, वो सरकार होती है।
जो जाँच कमीशन बना ले, वो भी सरकार होती है।
जो मस्जिद तुड़वा ले, वो सरकार होती है।
जो मंदिर बनवा दे, वो भी सरकार होती है।
सरकार तो सरकार होती है।
सरकार की तो जय जयकार ही होती है।
सरकार कभी न बेकार होती है।
सरकार की कभी न हार होती है।
सरकार से नाता रखो, माया अपरम्पार होती है।
सरकार के भजन गाओ, जिंदगी आसानी से पार होती है।
सरकार तो सरकार होती है।
सरकार की तो जय जयकार ही होती है।

59. नींद

तुम न जाने कैसे सो लेते हो
दिन भी, और रात भी
आराम भी कर लेते हो, और शौक भी।
हमें तो अगर सपने ना आएं
तो नींद भी बेकार लगती है।।

60. वक़्त

वक़्त कट रहा है,
मैं भी कट रहा हूं।
वक़्त मुझे काट रहा है,
मैं वक़्त को काट ले रहा हूं।
वक़्त मुझमें सिमट रहा है,
मैं वक़्त में सिमटता जा रहा हूं।
फिर याद आएगा, वक़्त ही तो मैं था,
फिर याद आएगा, मैं ही तो वक़्त था।
ये वजूद वक़्त का है,
या वजूद मेरा है।
क्या है जो रह जाएगा,
बोलो मैं रह जाऊंगा या वक़्त रह जाएगा।

61. पहचान

आज शाम से सिर बड़ा ही भारी है
कैसा भार है यह जो
हृदय से उतरता है थोड़ा तो
सिर में आ जाता है
और जब नहीं आ पाता सिर में
तो आंखों में रुक जाता है
आँखें जलती रहती हैं
भार बस अपनी जगह बदलता रहता है
लगता है किसी पहचान का भार है
पहचान जिसका अंत आज हुआ है
.. और इस पहचान की लाश को
यादों की मिट्टी में
अभी गल जाना बाकी है |

62. चुप्पी

एक चुप्पी
कितने वाद विवादों का अंत कर देती है
वाद जो हम कर नहीं पाते
और विवाद, जिन्हे हम होने नहीं देना चाहते
इसलिए तान लेते हैं
बस एक चुप्पी?
चुप्पी क्या एक संवाद है?
या है कोई खेद?
या फिर है मन का भेद?
खेद कि हम समझ नहीं पाते?
या भेद कि हम समझना भी नहीं चाहते?
चुप्पी, जो एक मौलिक अधिकार है
चुप्पी, जो एक साधारण सा व्यवहार है
इस चुप्पी ने जाने कितनो को चुप ही रखा है
और फ़िलहाल, इस चुप्पी ने, मुझे भी चुप कर रखा है |

63. अफसोस

अफसोस इस बात का नहीं कि
वो वादा करके मुकर जाते हैं।
अफसोस तो इस बात का है कि
है अपनी काबिलियत पर उन्हें इतना यकीन,
कि अब वो वादा भी करने से मुकर जाते हैं।

64. आशिक़ और इश्क़

चाह कर बन भी पाते तो क्या बन पाते।
चाह कर बन भी पाए तो क्या बन पाए।।
बनना तो था आशिक़ और करना था इश्क़।
इश्क़ तो हुआ लेकिन आशिक़ ना बन पाए।।
ना बद हुए और ना हुए बदनाम कुछ ऐसे।
आशिक़ भी जो हुए तो इश्क़ ना कर पाए।।

65. आपदा में अवसर

आपदा में अवसर
वही तलाश सकता है
जो आपदा के
बाहर खड़ा हो
यह
जो आपदा में हैं
उनके दिल, दिमाग़
और देह को
नोचने का
प्रोजेक्ट है |

66. हिसाब

अभिमान खोया है, स्वाभिमान नहीं
प्यार खोया है, अपनी पहचान नहीं।
मैं तो वृक्ष था, चलो स्वयं हट जाता हूं।
कहीं और जाकर, चलो मैं लग जाता हूं।
तुम फूल थे, तुम में खुशबू थी।
तुम फल थे, तुमसे स्वाद था, मेरी जिंदगी में।
फूल तुम, अपनी खुशबू बिखेरते रहना।
फल तुम, स्वयं को बेस्वाद मत होने देना।
सफ़र बाकि बहुत है, और फासले तय करने हैं।
अपनी अपनी राहों के, पथ चिन्ह चिन्हित करने हैं।
जिंदगी सब को मिलती है।
अपने अपने हिस्से का हिसाब,
सब को रखना ही पड़ता है।

67. फर्क

अपनी जिंदगी को मैं जी भर के जिया,
अब कौन फर्क करेगा कि मैं मरा कि नहीं

68. जिंदगी

जिंदगी भी क्या गज़ब चीज़ है |
कभी मरने से पहले एक बार,
और जी लेने का मन करता है,
कभी जीने से पहले एक बार यूँ ही,
मर कर देख लेने का मन करता है |